SMART COOKIE KID

III

For 3 - 4 year olds

Mary Khalil
Baha Kodir

序文

この発達ワークブックには、お子様の注意力、集中力、多元的知能、視覚的記憶、運動能力、批判的思考、学習能力、問題解決力、創造性などを高めるために設計された、さまざまな魅力的な演習が含まれています。　最適な結果を得るために、お子様には大人の指導の下、これらのアクティビティを順番に定期的に実行することをお勧めします。　この面白くて注意力を高める本のすべての演習には、明確な指示が付いています。　各エクササイズに特定の時間制限はありません。　　最も重要なことは、お子様が問題を解決したり、新しいスキルを学んだりしながら、楽しんで注意を集中できることです。お子様がアクティビティ中に指示がわかりにくいと感じた場合は、シンプルで共感できる説明や例を示して、その混乱を明確にすることが重要です。　　お子様が練習を無事に完了したときに、言葉で積極的に励ますことは、お子様のやる気を引き出す優れた方法です。　たとえば、「素晴らしい仕事をしていますね!」と言うことができます。　または「あなたは信じられないほど素晴らしいです！」

　この本には、特に子供たちの想像力を魅了するよう、注意深く専門知識を駆使して作成された楽しいイラストが掲載されています。これらの優しい芸術作品は、プロのアーティストの才能の結晶です。

　さらに、保護者が家で子供たちと質の高い絆を深められる時間を提供するために、楽しいゲーム ページも追加しました。　これらの楽しいゲームは、きっと思い出に残る瞬間を生み出し、あなたと小さなお子様との強いつながりを育むでしょう。

果樹で果物を摘むために使用されるものを見つけてマークします。

以下の円オブジェクトを見つけてください。

直線を引いて宇宙船を惑星まで連れて行きます。

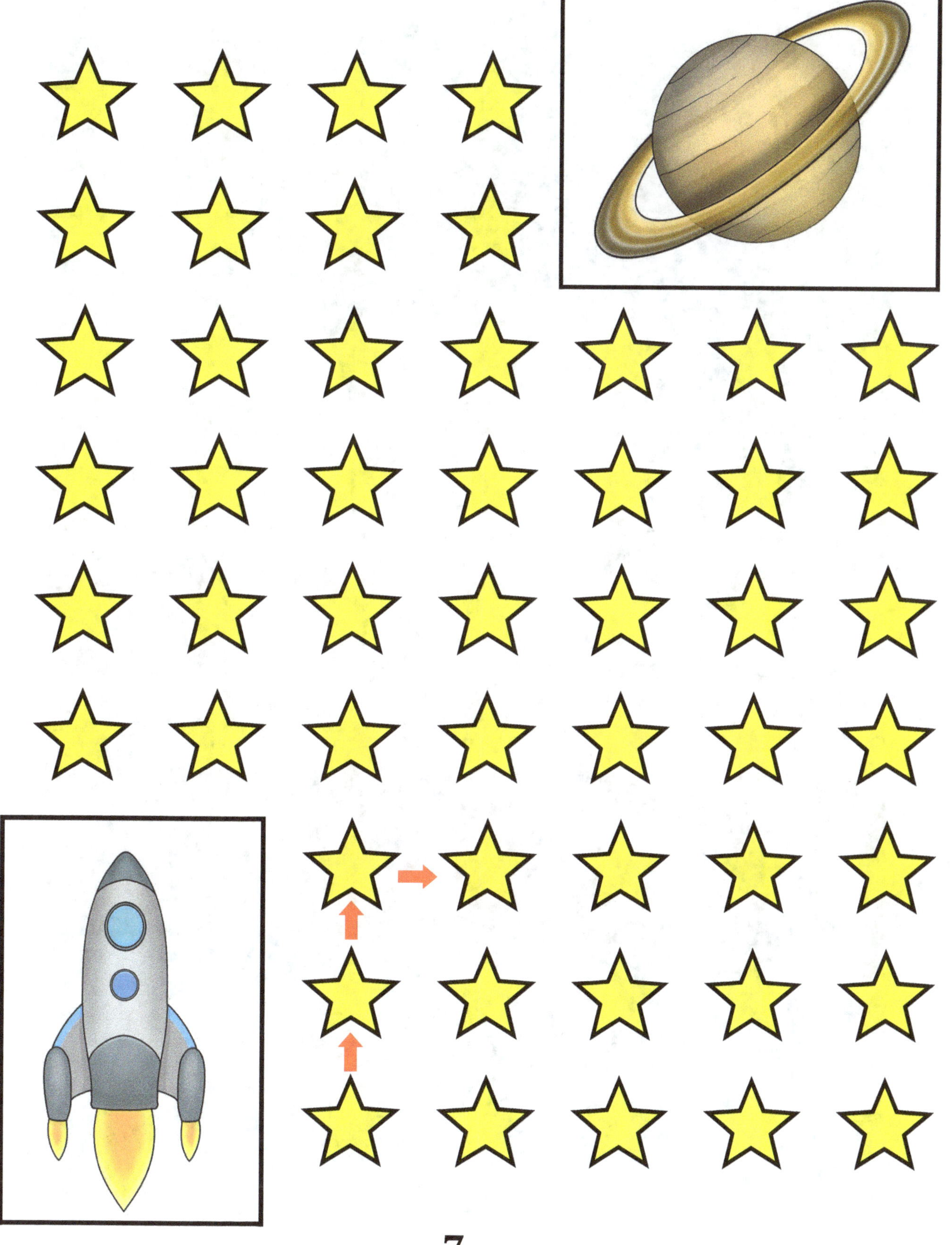

初めてレモンを食べたとき、子供はどう感じますか？
彼の表情を描きます。

春にふさわしい服装を選んでください。

残りの半分を描いて、笑顔の円を完成させます。

フルーツの黒と白の影を合わせます。

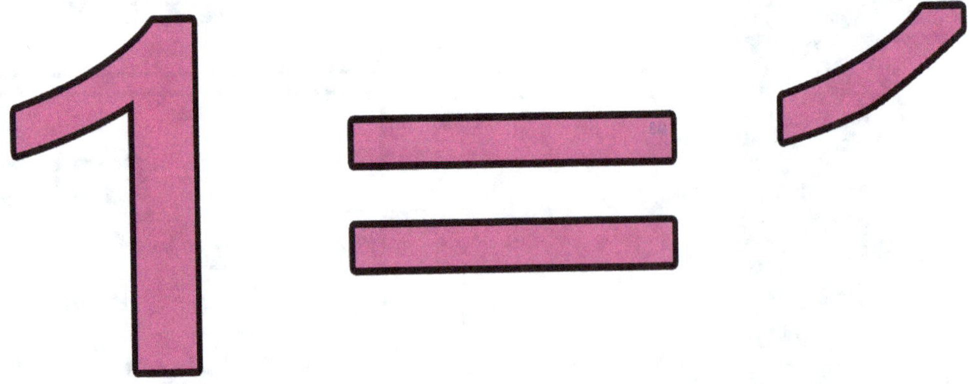

芸術家は絵のいくつかの部分を描くのを忘れた。各
オブジェクトの欠けている部分を描画します。

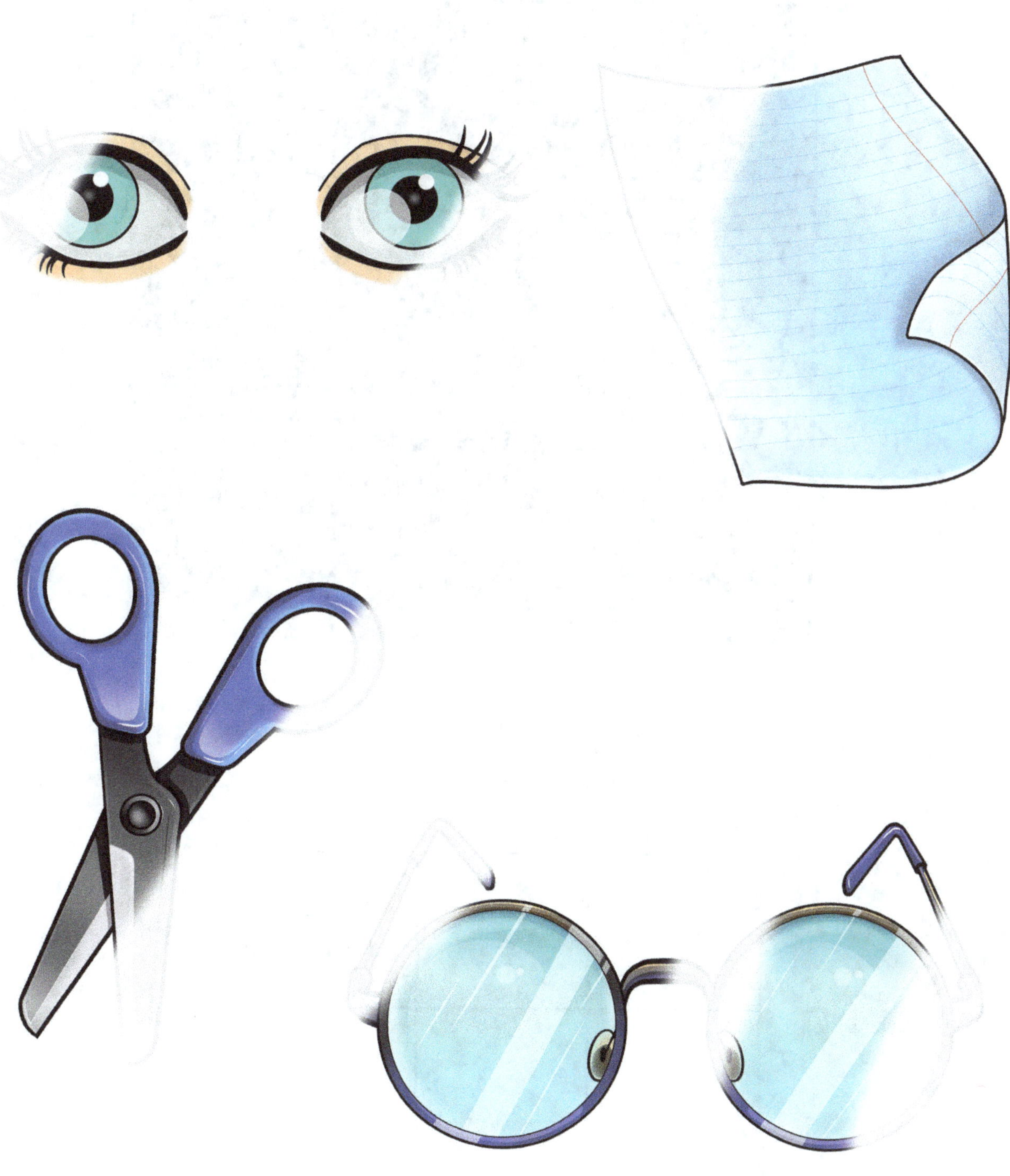

本棚のどの列に本があるかを見つけてマークします。

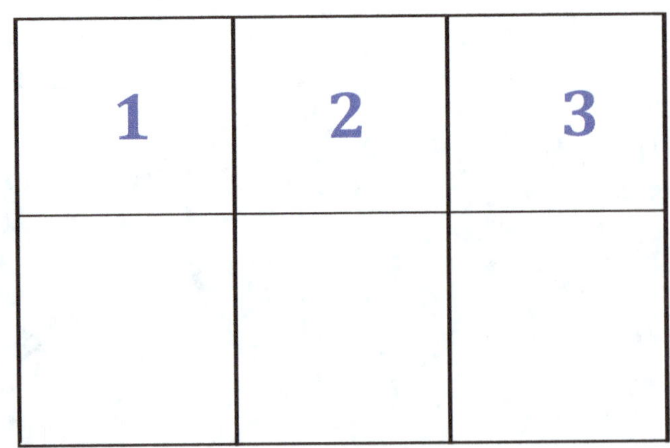

1	2	3

どれが幸せかを見つけてマークします。

お玉と同じくらいスプーンを引きます。

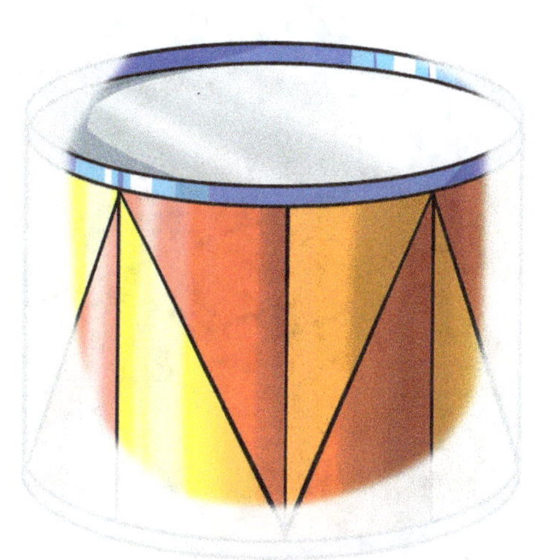

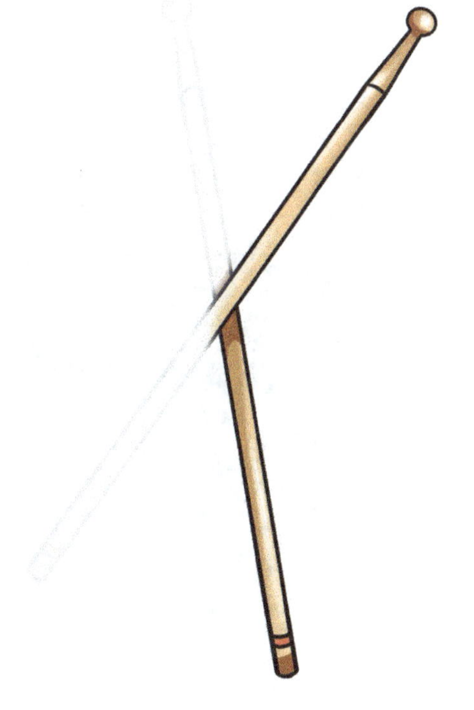

同じ形の下駄とイースターエッグを見つけてください。

両手で同時に線を描きます。

赤ちゃんの線に沿って目の体操をしましょう。この
エクササイズを少なくとも5回繰り返します。

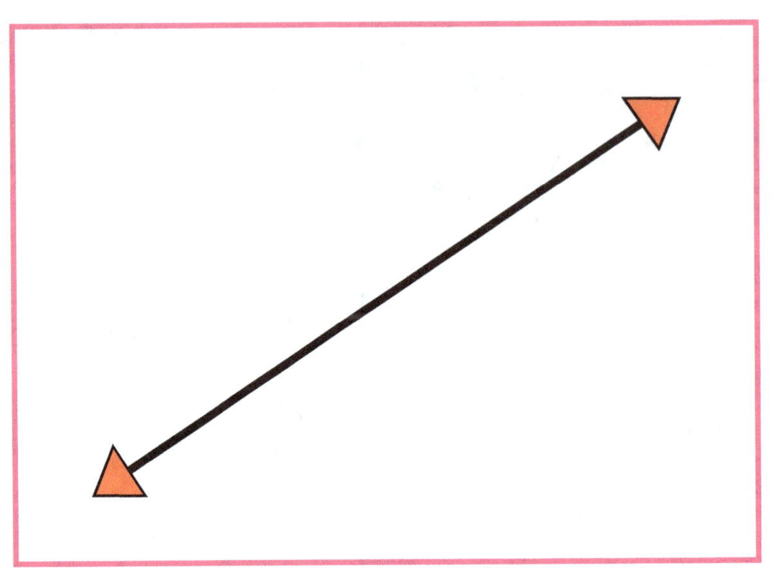

最も長いものを見つけてマークします。

水の反射がどのシンボルに属しているかを見つけてマークします。

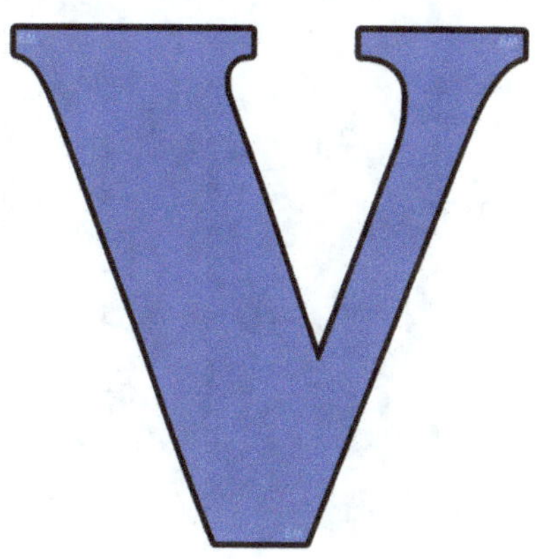

以下の写真を順番に見てストーリーを組み立ててください。

マジック キューブにどのシンボルが表示されている
かをマークします。

1 2 3 4

牧草地で同じ羊を見つけてください。

内部の

説明:　子供には、オブジェクトを入れることができるアイテムの名前が伝えられます。子供は、そのオブジェクト内の少なくとも 2 つのオブジェクトの名前を言うように求められます。例えば冷蔵庫というとチーズや卵など。カバンと呼ばれるとすぐに、本やノートなどの名前を言わなければなりません。

説明: ボールを中央に置きます。人の出場者はボールの近くに立って、半分お互いに寄りかかるように立っています。2審判が「膝、耳、頭、顎、鼻」と言うと、出場者は審判が言った臓器を両手で持ちます。審判はこれらの臓器の名前を、最初はゆっくりと、次に素早く言います。審判がこの言葉を言ったとき、ボールがコールされた時点で、先にボールを受け取った人が勝ちとなります。

提案: 子供のボールを選択できます。